O bem e o mal

O bem e o mal
Angelo Zanoni Ramos

FILOSOFIAS: O PRAZER DO PENSAR
Coleção dirigida por
Marilena Chaui e Juvenal Savian Filho

wmf martinsfontes
São Paulo 2011

*Copyright © 2011, Editora WMF Martins Fontes Ltda.,
São Paulo, para a presente edição.*

1ª edição 2011

Acompanhamento editorial
Helena Guimarães Bittencourt
Revisões gráficas
Letícia Braun
Maria Fernanda Alvares
Edição de arte
Katia Harumi Terasaka
Produção gráfica
Geraldo Alves
Paginação
Moacir Katsumi Matsusaki

Dados Internacionais de Catalogação na Publicação (CIP)
(Câmara Brasileira do Livro, SP, Brasil)

Ramos, Angelo Zanoni
 O bem e o mal / Angelo Zanoni Ramos. – São Paulo : Editora
WMF Martins Fontes, 2011. – (Filosofias : o prazer do pensar /
dirigida por Marilena Chaui e Juvenal Savian Filho)

 ISBN 978-85-7827-447-4

 1. Bem e mal 2. Ética 3. Filosofia 4. Moral I. Chaui, Marilena. II.
Savian Filho, Juvenal. III. Título. IV. Série.

11-07423	CDD-170

Índices para catálogo sistemático:
1. Bem e mal : Ética moral : Filosofia   170

Todos os direitos desta edição reservados à
Editora WMF Martins Fontes Ltda.
Rua Prof. Laerte Ramos de Carvalho, 133 01325.030 São Paulo SP Brasil
Tel. (11) 3293.8150 Fax (11) 3101.1042
e-mail: info@wmfmartinsfontes.com.br http://www.wmfmartinsfontes.com.br

SUMÁRIO

Apresentação • 7
Introdução • 9

1 O bem segundo Platão • 13
2 Agostinho de Hipona e a negação do mal ontológico • 22
3 A questão do mal na atualidade • 35
4 Conclusão • 46

Ouvindo os textos • 49
Exercitando a reflexão • 56
Dicas de viagem • 59
Leituras recomendadas • 64

APRESENTAÇÃO
Marilena Chaui e Juvenal Savian Filho

O exercício do pensamento é algo muito prazeroso, e é com essa convicção que convidamos você a viajar conosco pelas reflexões de cada um dos volumes da coleção *Filosofias: o prazer do pensar*.

Atualmente, fala-se sempre que os exercícios físicos dão muito prazer. Quando o corpo está bem treinado, ele não apenas se sente bem com os exercícios, mas tem necessidade de continuar a repeti-los sempre. Nossa experiência é a mesma com o pensamento: uma vez habituados a refletir, nossa mente tem prazer em exercitar-se e quer expandir-se sempre mais. E com a vantagem de que o pensamento não é apenas uma atividade mental, mas envolve também o corpo. É o ser humano inteiro que reflete e tem o prazer do pensamento!

Essa é a experiência que desejamos partilhar com nossos leitores. Cada um dos volumes desta coleção foi concebido para auxiliá-lo a exercitar o seu pensar. Os temas foram cuidadosamente selecionados para abordar os tópicos mais importantes da reflexão filosófica atual, sempre conectados com a história do pensamento.

Assim, a coleção destina-se tanto àqueles que desejam iniciar-se nos caminhos das diferentes filosofias como àqueles que já estão habituados a eles e querem continuar o exercício da reflexão. E falamos de "filosofias", no plural, pois não há apenas uma forma de pensamento. Pelo contrário, há um caleidoscópio de cores filosóficas muito diferentes e intensas.

Ao mesmo tempo, esses volumes são também um material rico para o uso de professores e estudantes de Filosofia, pois estão inteiramente de acordo com as orientações curriculares do Ministério da Educação para o Ensino Médio e com as expectativas dos cursos básicos de Filosofia para as faculdades brasileiras. Os autores são especialistas reconhecidos em suas áreas, criativos e perspicazes, inteiramente preparados para os objetivos dessa viagem pelo país multifacetado das filosofias.

Seja bem-vindo e boa viagem!

INTRODUÇÃO
Existe uma guerra entre o bem e o mal?

Hoje a humanidade depara com a imagem de uma batalha constante entre o bem e o mal. Para alguns, essa batalha é interminável, e, para outros, sobretudo os adeptos das grandes religiões, ela terminará com a vitória dos bons sobre os maus. Estando essa espécie de batalha no imaginário popular, a indústria cultural lança produtos, como filmes e telenovelas, levando cada vez mais ao extremo personagens que assumem o papel do mal em carne e osso, como se fosse possível existir um mal personificado, um mal que existe por si mesmo, constituído de uma força interna, contra a qual é preciso que pessoas de bem se disponham a guerrear. É lamentável nisso tudo o fato de a presença do mal estar tão enraizada no imaginário popular, que esses personagens ganham grande destaque e os grandes vilões "roubam a cena", assumindo, às vezes, por um inexplicável paradoxo, o papel de protagonistas. Basta perguntar aos profissionais da dramaturgia e ouvir-se-á da maioria deles a preferência por interpretar vilões em vez de personagens virtuosos que, com o tempo, vão cair no esquecimento.

Algumas religiões, por sua vez, não fogem a essa tendência. Muitas delas incutem nos seus fiéis a ideia da existência de um demônio personificado, autor de males e dotado de poderes incalculáveis para executar o mal na sociedade. Se observarmos, por exemplo, o discurso de alguns líderes religiosos midiáticos, veremos que a palavra "demônio" é empregada com mais frequência do que a palavra "Deus". Com seu discurso, por assim dizer, "demonizante" do mal, tais pregadores estimulam uma realidade no imaginário dos seus seguidores segundo a qual o mal, personificado no demônio, é o grande protagonista de uma história que começou desde a rebelião de Lúcifer e que terminará com o final dos tempos, quando, enfim, o bem vai prevalecer e os injustos serão condenados, ao mesmo tempo que os justos, vítimas desse grande mal, serão recompensados com a vida feliz eterna.

Nota-se que, nessa "realidade" presente no imaginário dos fiéis, o grande protagonista é o mal, enquanto o bem é reduzido a um simples antídoto contra o mal. Na busca de alívio para seus sofrimentos, interpretados como produto do grande "Maligno", procuram-se as Igrejas com a finalidade de combater tais males, da mesma maneira que um doente procura uma enfermaria e toma os devidos medicamentos para os males físicos. Nesse cenário em que o bem é reduzido a uma espécie de "medicamento" contra o mal, perguntamos, então: de que maneira a humanidade chegou a essa espécie de inversão de valores? Para isso movimentaremos alguns textos, desde Platão (428-348 a.C.) até os contemporâneos. Nesse percurso, passaremos por um grande filósofo cristão, Santo Agostinho (354-430), que negou a consistência do mal, e também pela filósofa contemporânea Hannah Arendt (1906-1975), que presenciou um dos grandes males da história da humanidade e provavelmente o maior mal do século XX, o holocausto judeu, visto pela humanidade como o resultado da ação do mal.

Com isso, pretendemos indicar que essa espécie de guerra entre o bem e o mal não é algo real, mas imaginário, produzido em nós pela falta de conhecimento da profundidade do bem e do mal, ou seja, pela falta de conhecimento coletivo do conceito de bem e de mal em toda sua extensão, e também pela força da emoção que sofremos quando deparamos com grandes males dos quais nós e nossos semelhantes somos vítimas, associada à indignação ou ao ódio que inevitavelmente sentimos pelos agentes causadores de malefícios.

1. O bem segundo Platão

Em Platão, não existe propriamente uma teoria sobre a relação entre o bem e o mal, mas o autor escreveu sobre a existência do bem, e a maneira como a abordou ficou para a posteridade. Platão trata da grande questão da existência do bem na sua chamada teoria das formas. As formas, para ele, são modelos ou arquétipos de tudo o que existe e dos quais as coisas de nosso mundo são cópias. Se observamos coisas belas existentes da Natureza e as reconhecemos como belas, mais razão ainda temos para levar em consideração a própria beleza em si, o modelo de todas as coisas que são belas e ao qual nada falta de belo. Trata-se da ideia, ou forma, que é sempre perfeita, completa, e que os seres que conhecemos no mundo procuram imitar, embora raramente consigam fazê-lo perfeitamente. Segundo o platonismo, essa ideia ou forma não se distingue das coisas particulares e múltiplas como o ideal distingue-se do real. Elas são a própria realidade ou a realidade em grau máximo. Se contemplo a ideia de beleza, de bem etc., não contemplo algo irreal (que correntemente chamamos de "ideal"), mas a realidade máxima. As coisas múltiplas que se apresentam belas e boas são dotadas de certa beleza ou certa bondade, mas em escala menor e com menor grau de realidade.

Assim, o bem, segundo Platão, é uma ideia, ou forma (*eîdos*), que se encontra acima do intelecto humano, tem existência independente da multiplicidade das coisas existentes no mundo e é participada de modo imperfeito por elas. Há, portanto, uma primazia do bem em si, que é a fonte das imagens ou cópias sensíveis e constitui toda a realidade de que os indivíduos participam.

Na obra *A República*, Platão fala do bem, mas, antes, lança mão de um recurso didático, a Alegoria do Sol. Platão fala por meio da personagem Sócrates, pois essa obra, como quase todas as obras de Platão, foi escrita na forma de um diálogo em que Sócrates é a personagem que fala pelo autor, Platão. Sócrates está diante de seus interlocutores e pretende falar sobre o bem. Mas recorre à Alegoria do Sol, propondo que, para entender o bem, é mais esclarecedor primeiro entender o que é o filho do bem, o Sol.

O bem não é apenas uma virtude, mas é a finalidade do homem que quer atingir a sabedoria. O contrário dele, o mal, reside na busca da satisfação dos sentidos. Recusar o bem é apegar-se à animalidade, que está no corpo. E o corpo é a raiz do mal, pois é a fonte dos desejos insensatos, paixões, discórdias, inimizades, guerra, loucura etc. O mal jamais habita na esfera celeste, junto aos deuses, mas apenas na natureza humana mortal. Embora a literatura do paganismo grego, em especial o poeta Homero (c. 850 a.C.), descreva deuses contaminados pelas paixões humanas (luxúria, inveja, avareza, cólera), Platão, em *A República*, não atribui esses adjetivos aos deuses. Das duas alternativas, só uma é válida: ou Homero estava correto e os deuses são cheios de paixões, ou os deuses não sentem paixões e Homero mentiu sobre eles. Platão adota a segunda alternativa: nem tudo o que Homero escreveu foi verdadeiro. Sendo o bem aquilo a que o homem aspira na busca da sabedoria, a noção de bem em Platão está estreitamente relacionada com o tema do conhecimento. Daí insistir na comparação com o Sol: só conseguimos enxergar algum corpo sensível se o ambiente estiver lúcido, isto é, com luz suficiente, já que ninguém pode enxergar na mais completa escuridão. O Sol, nesse caso, simboliza a fonte do conhecimento pelo qual o homem pode aderir ao bem.

No decorrer do diálogo, Platão pretende fazer uma exposição sobre o bem, assim como havia feito sobre a justiça, a temperança e outras virtudes. Estabelecendo a distinção entre o modelo (a forma) e a multiplicidade das coisas, Platão afirma que essas coisas múltiplas são visíveis, porém não inteligíveis. O que ele chama de visível é aquilo que aprendemos pelos sentidos, ao passo que o inteligível é aquilo que aprendemos pela inteligência, como os objetos da Matemática e da Geometria. Entre os sentidos, temos, por exemplo, a audição, para a qual é necessário apenas ter os ouvidos e o ruído que será apreendido pelos ouvidos. Mas, no caso da visão, não basta ter apenas os olhos e as coisas coloridas que serão apreendidas pela visão. Deve haver necessariamente um terceiro fator, que é a luz. Assim, o sentido da visão e a capacidade de algo ser visto estão ligados por uma espécie de bem, mais precioso do que todos os outros. Essa espécie de bem é o Sol, isto é, aquele que, entre os "deuses do céu", é capaz de nos fazer ver de maneira mais perfeita e tornar visto o visível.

O Sol é o "filho do bem", a luz que gerou à sua semelhança aquilo que é lúcido: o que o bem é no mundo inteligível o Sol é no mundo sensível. Platão reforça a importância do Sol para a visão, distinguindo duas maneiras diferentes de visão: primeiro, a visão obscura pela qual os olhos enxergam nos clarões noturnos, sem a luz do dia e, evidentemente, sem o recurso da luz elétrica contemporânea. Por essa visão, os olhos veem mal e parecem quase cegos. Em seguida, temos outra maneira de ver, pela qual as coisas a serem vistas são iluminadas pelo Sol. Nesse caso, os olhos veem nitidamente graças à claridade por excelência.

O mesmo acontece em relação ao bem e à alma. Há duas maneiras de a alma buscar a sabedoria: pela primeira, a alma se fixa em algo a que se misturam as trevas (obscuridade do pensamento), isto é, tudo aquilo que é perecível, que nasce e morre. Nesse caso, ela só tem acesso a opiniões (noções confusas), vê mal pelos "olhos" da inteligência, alternando seu parecer sobre algo, e parece não ter inteligência. Pela segunda, ao contrário, a alma se fixa em algo iluminado pela verdade e pelo ser; ela o compreende, conhece-o e parece ser, de fato, inteligente. Então, o que transmite a verdade às coisas que são conhecidas e dá ao ser humano o poder de conhecer é a ideia do bem. Ele é a causa do saber e da verdade. A ciência e a verdade são semelhantes ao bem e é ele que ilumina aquele que quer ser sábio. Portanto, o bem é a causa do nosso conhecimento certo, tanto como da sabedoria, assim como o Sol é a causa da visão lúcida dos nossos olhos carnais.

Além disso, o bem cumpre outra função e, nesse caso, mais uma vez a Alegoria do Sol entra no diálogo. O Sol, além de proporcionar às coisas a capacidade de serem vistas, proporciona a elas seu nascimento (gênese), crescimento e alimentação, sem que ele mesmo seja a sua gênese, mas, sim, aquilo que é a causa dessa gênese. Do mesmo modo, quanto ao bem, para as coisas que são objeto de conhecimento, ele proporciona não só a possibilidade de serem conhecidas, como também o ser e a essência, sendo que o bem não são essas coisas, mas a causa da sua gênese, encontrando-se acima delas. Assim, o bem e o Sol reinam cada qual no seu "reino": o bem, no mundo inteligível; o Sol, no mundo sensível.

Por fim, Platão aponta para uma espécie de trajeto, um itinerário pelo qual a mente pode aderir ao bem, na medida em que ela vai se afastando das coisas passageiras e transitórias, que são o oposto da estabilidade do bem. É o momento em que ele recorre a uma outra alegoria, a famosa Alegoria da Caverna. Platão descreve uma cena que representa aqueles que estão longe de conhecer o bem. A alegoria consta de homens acorrentados numa caverna desde a infância, sem poder enxergar uma fogueira que está longe, atrás deles, e cuja luz projeta imagens no fundo da caverna. De costas para a luz e sem a possibilidade de virar os olhos para ela, tudo o que eles veem são sombras projetadas numa parede, sombras de artefatos, como estátuas de homens, animais, pedras, madeira, além de sombras de homens que passam, uns em silêncio, outros falando algumas palavras, de modo que os que estão lá na caverna julgam que as falas são das sombras.

Esses homens acorrentados, habituados desde a infância a ver sombras, sofrem não apenas da falta de uma visão da realidade, mas, sobretudo, de um outro problema: acreditar que as sombras são a realidade. Daí torna-se necessário um processo pelo qual eles podem se preparar para ver a própria realidade, no caso, a luz do bem. Supondo que alguém entre eles seja solto da caverna, não descobriria imediatamente a realidade. Antes de mais nada, teria dificuldade e até medo de olhar para a própria luz e os próprios corpos dos quais vê apenas sombras. Seria preciso passar por um processo de adaptação e educação.

Tal processo se dá em diversas etapas e em percurso ascendente. O primeiro passo é olhar mais facilmente para as sombras, já admitindo que são apenas sombras. O segundo é olhar para as imagens dos homens e outros objetos no espelho d'água, já que o antigo prisioneiro, agora liberto, ainda não está devidamente preparado para olhar diretamente para a claridade do Sol. O terceiro é olhar para as próprias coisas, o céu e tudo o que há no céu durante a noite. O quarto é olhar para o Sol, não pela imagem na água, mas para ele mesmo. A partir daí, o antigo prisioneiro conheceria o que é o Sol, que ele é a causa das diversas estações do ano e que, de certa forma, dirige o mundo visível.

Esse processo ascendente simboliza a necessidade de a alma humana elevar-se para o mundo superior e atingir a visão do que lá se encontra. É exatamente nesse mundo superior que reside a ideia do bem. Uma vez tendo contemplado essa ideia, compreende-se que ela é, para todos, a causa do que há de justo e belo, senhora da verdade e da inteligência, a qual é preciso ver para que o homem seja sensato na vida particular e na pública. Nota-se, portanto, que é contemplando a ideia do bem que o homem poderá ser bom na sua vida social, familiar etc. O homem que age mal é exatamente o oposto do sábio: é aquele que, em vez de executar esse itinerário ascendente, permanece nas "sombras e trevas" das coisas sensíveis, passageiras, que são ocasião de ambição, discórdia, ódio e até mesmo de guerra.

2. Agostinho de Hipona e a negação do mal ontológico

A tentativa de compreender o mal teve muita relevância nos séculos IV e V da Era Cristã, e um exemplo maior dessa tentativa encontra-se nos textos de Santo Agostinho, escritos contra os adeptos do maniqueísmo, os maniqueus. O maniqueísmo teve sua origem com Mani (ou Manes), nascido na Pérsia, no século III. Dentre suas ideias mais conhecidas, destaca-se a concepção dualista da existência, fundada sobre o bem e o mal. Segundo essa concepção, há no ser humano uma natureza boa, pela qual ele pratica boas ações, e também uma natureza má, pela qual ele faz o contrário. Assim, o ser humano, além de essencialmente bom, seria também essencialmente mau.

Na época de Santo Agostinho, o maniqueísmo não só influenciou muitos cristãos, como também se infiltrou entre as autoridades da Igreja, e teve como seu maior expoente o bispo Fausto, conhecido como Fausto

Maniqueu. Agostinho criticava, então, o maniqueísmo como heresia no interior do cristianismo. Nesse período não havia um organismo como a Congregação Vaticana para a Doutrina da Fé, tampouco um Tribunal do Santo Ofício, também conhecido por Inquisição. Quando surgia alguma heresia, os próprios escritores da Igreja cristã procuravam combater suas afirmações, mostrando os absurdos que decorriam delas. E foi o que fez Agostinho ao escrever contra a heresia maniqueísta.

Embora Agostinho tenha combatido o maniqueísmo como uma seita cristã, as consequências de sua argumentação não se limitam ao campo da religião ou da teologia. Ao contestar as ideias maniqueístas, Agostinho deixa para a posteridade uma nova maneira de encarar a relação entre o bem e o mal. Vejamos alguns momentos importantes de sua argumentação.

Resumidamente, pode-se dizer que o maniqueísmo, no interior do cristianismo, sustentava que o ser humano também era dotado de uma natureza má. Foi exatamente por essa natureza má que ele terá cometido o pecado original; e é por ela mesma que os homens cometem erros ou pecados.

Diante da posição maniqueia, Agostinho levanta um problema: se o ser humano é dotado também de uma natureza má e o ser humano é criatura divina, como explicar que o criador, que é bom, tenha produzido uma criatura naturalmente má? A principal obra em que Agostinho aborda o problema do mal chama-se *O livre-arbítrio*, também escrito na forma de diálogo. O tema do livre-arbítrio, ou da vontade livre, envolve o tema do bem e do mal porque é pelo seu livre-arbítrio, ou por seu poder de decidir, que o ser humano opta por agir mal. Nesse caso, as ideias maniqueístas se constroem da seguinte maneira: Deus é o criador e deu ao ser humano o livre-arbítrio pelo qual ele pecou. Portanto, Deus teria dado ao ser humano o próprio instrumento pelo qual ele agiria mal, de onde se conclui que há no ser humano uma tendência natural para o mal. Essa tendência teria sido dada por Deus, o que Agostinho não aceita como verdade.

Nesse diálogo, o interlocutor de Agostinho é o amigo Evódio. Seu amigo colocou as grandes questões da obra, influenciado por um conteúdo maniqueísta. Quando diz, por exemplo, que o ser humano recebeu o livre-arbítrio pelo qual pecou, as palavras de Evódio trazem consigo certo caráter maniqueísta, uma vez que insinuam ser o livre-arbítrio a causa do pecado ou do mal, como se houvesse na vontade livre certa força conduzindo o ser humano para o mal. Além disso, as questões de Evódio atribuem a Deus a causa da vontade livre no homem. Não deixa de ser verdade que o criador, sendo causa produtora do ser humano, seja aqui também a causa produtora da vontade livre. Entretanto, as palavras de Evódio insinuam que o criador, sendo causa da vontade livre, é também a causa do mal, já que foi por ela que a criatura agiu mal.

Os conceitos de vontade e livre-arbítrio perpassam algumas obras de Agostinho, mas é sobretudo em *O livre-arbítrio* que encontramos com mais detalhes a relação entre ambos. O termo "vontade", derivado do verbo latino *volo*, traduzido por "querer", "desejar", é muito próximo do conceito de amor. No livro das *Confissões*, Agostinho define a vontade como um peso que conduz o ser humano para uma atitude ou outra, tal como o peso sobre a pedra empurra-a para baixo. No amor, encontra-se o peso da vontade pelo qual ela pende para um lado ou para outro. Nesse caso, a alma se dirige, por meio da sua vontade, para o lado bom, movida pela caridade (amor reto), ou para o lado oposto, movida pela soberba (orgulho). Daí a vontade poder ser boa ou má.

Em *O livre-arbítrio*, a vontade apresenta-se, sobretudo, como uma vontade livre, pela qual o ser humano pode optar entre pecar e não pecar, sem ser constrangido a uma ou outra opção. No próprio diálogo, Agostinho emprega algumas vezes a expressão "vontade livre" para significar o mesmo que "livre-arbítrio". Entretanto, em algumas passagens, as palavras do autor levam em conta a distinção entre a vontade pela qual se quer o bem, em estado de liberdade, e a vontade pela qual se quer o mal, ou seja, a vontade que, mesmo querendo o bem, não dispõe de forças para cumprir o que quer. Temos aqui uma vontade não livre, uma situação que é, antes, uma servidão em relação às paixões e ao gozo por meio das coisas perecíveis.

Vejamos como isso é desenvolvido no diálogo. A obra contesta os maniqueus, para quem há duas forças na Natureza, a boa e a má, ambas exercendo influência sobre as vontades e ações humanas. Evódio representa, no diálogo, um cristão afetado pela seita maniqueia e que não consegue entender como a vontade livre é um bem, já que é por ela que o ser humano pecou. As palavras de Evódio denotam a suposta atuação de alguma força sobre o ser humano, levando-o a pecar. E, se o livre-arbítrio tem o poder (ou força) de fazer o homem pecar, Evódio não entende como é possível não culpar Deus, já que é ele quem deu ao homem a vontade livre. Evódio solicita uma explicação que o faça entender a bondade divina na concessão do livre-arbítrio ao homem, uma vez que ele admite essa bondade pela fé.

Agostinho sustenta o livre-arbítrio da vontade como um bem e afirma que Deus fez todas as coisas boas, estando entre elas a vontade livre. Ao planejar definir a vontade, Agostinho passa diretamente à boa vontade: a boa vontade é aquela pela qual desejamos viver com retidão e honestidade para atingirmos o cume da sabedoria, e essa sabedoria não se confunde com as riquezas, honras e prazeres do corpo, dignos de desprezo em comparação com ela. Além disso, a boa vontade é algo que só depende da nossa vontade. Se queremos bens materiais, por exemplo, é preciso que os adquiramos, pois não basta ter a vontade. Mas, se queremos uma boa vontade, o próprio ato de querê-la já prova que há aí uma boa vontade. Por fim, podemos perder os bens perecíveis sem querer perdê-los, mas a boa vontade só perdemos se quisermos perdê-la. Esse é o primeiro passo para Agostinho provar que a vontade é um bem, o que será complementado mais à frente no diálogo. Agostinho insiste, nesse início, em dissolver o conteúdo maniqueísta das questões que Evódio lançara, para, posteriormente, provar definitivamente que o livre-arbítrio da vontade é um bem.

Evódio pergunta logo no início se acaso é Deus o autor do mal, e também qual é a causa de agirmos mal. A isso Agostinho responde definindo o agir mal como o ato de sujeitar-se às paixões e de não viver conforme à razão, e acrescenta que Deus não constrange o homem a ser escravo das paixões; essa servidão humana só pode vir do livre-arbítrio. Em seguida, Agostinho descreve a situação humana do pecado como sendo, para muitos, o viver sob o império das paixões, que impõe sua tirania e perturba o espírito e a vida do homem: trata-se de uma espécie de cortejo das paixões que vai do temor ao desejo, da ansiedade à alegria, incluindo a luxúria, o orgulho e a inveja.

Mais à frente, Evódio lança mais questões pertinentes, ainda com resíduo do maniqueísmo: se é pelo livre-arbítrio que o homem pecou, terá sido um bem o criador tê-lo dado ao homem? Dessa questão decorre outra: se foi, de fato, Deus que o deu. Na sequência, Agostinho dá novo rumo ao diálogo e conduz Evódio ao conceito de vontade como um bem.

Segue-se aqui o programa do "crer para entender": Evódio crê que o criador é bom, mas Agostinho demonstrará apenas pela via da inteligência que Deus existe. E também mostrará que tudo o que é um bem, enquanto bem, procede de Deus, e que a vontade livre se encontra entre esses bens.

Agostinho prova a existência de Deus a partir da alma humana, que vê acima de si algo eterno e imutável. Descreve uma ordem no cosmo na qual há uma hierarquia pelo princípio do juízo: os sentidos julgam os corpos, a razão julga os sentidos (e os corpos) e ela julga a si mesma (é reflexiva). Mas a razão faz seu juízo com alguns critérios. Ela consulta a verdade que está acima dela, é eterna, necessária e imutável. A razão não julga tal verdade, mas simplesmente consulta essa verdade que é a Sabedoria divina, o próprio Deus eterno, necessário e imutável, do qual derivamos.

Somos seres mutáveis, suscetíveis de receber forma, isto é, aperfeiçoar-se. Ora, nada pode aperfeiçoar-se a si mesmo, pois ninguém dá a si o que não possui. Alma e corpo, no ser humano, recebem a forma de Deus, um ser formado e perfeito. De tudo o que é formado por Deus, alguns apenas existem, outros existem e sentem, e os seres humanos existem, sentem e exercem a inteligência. Mas Agostinho faz questão de distinguir dois grupos mais amplos: os que possuem uma vida racional e os que são apenas corpo. Os dois grupos são bons, pois são criaturas divinas, mas a alma racional é superior ao corpo. Com base nisso, o autor articula sua prova de que a vontade livre é um bem. Ela é uma capacidade do homem, inscrita na alma racional, algo que ele recebeu de Deus no ato da criação.

Como foi dito, o bem espiritual é maior que o bem corporal. Os bens corpóreos são aqueles dos quais é possível fazer mau uso, como o próprio corpo, as riquezas etc. Além disso, na privação de tais bens o ser humano pode levar uma vida reta. As virtudes, ao contrário, são os bens superiores no ser humano, dos quais não é possível fazer mau uso. O suposto abuso de uma virtude nem sequer é uma virtude. Além disso, o ser humano privado de virtudes não pode levar uma vida reta. A vontade livre, por sua vez, é um bem do qual é possível fazer mau uso, como ocorreu no pecado de Adão. Entretanto, na privação desse bem, o homem não pode viver com retidão, pois somente com o livre--arbítrio poderá ser elogiado ou repreendido pelo que faz. Ela é, portanto, um bem, e um bem intermediário entre os outros dois bens.

Agostinho sustenta não só que o livre-arbítrio é um bem, mas também que o mal é apenas privação de bem. Há no mal um movimento de afastamento e perda do homem em relação a Deus, movimento esse que é de perda de bem. Daí decorre que o mal é deficiência decorrente do livre-arbítrio, uma espécie de defeito, muito mais que um efeito. Se atentamos para a etimologia de tais termos, notamos que uma causa eficiente produz efeitos, enquanto a causa deficiente produz defeitos. Por isso, o livre-arbítrio, ou a vontade livre, é um bem do qual o homem fez mau uso e que teve o pecado como defeito.

A noção de vontade em Agostinho é rica e complexa. Em primeiro lugar, a vontade, na condição anterior ao pecado (vontade livre), identifica-se com o livre-arbítrio. É boa enquanto um bem intermediário. Em segundo lugar, a vontade na condição pecadora não é totalmente livre. O homem, pela má vontade, volta-se para as coisas inferiores, depositando nelas seu gozo, ou fruição, em detrimento das coisas superiores. Nessa condição, até mesmo uma boa vontade pode ser ineficaz diante do atrito entre a vontade de não pecar e a concupiscência que abala o homem. Há aqui uma tensão que nem sempre termina com a vitória da vontade sobre as tentações. Nesse caso, não há liberdade, que seria a vitória definitiva sobre os obstáculos impostos pelo pecado. Em terceiro lugar, a vontade absolutamente livre se exerce após a recuperação da condição humana. Já liberto da morte e da condição de pecado, o ser humano contemplará a Verdade, que é Deus. É nesse sentido que se pode falar em liberdade do ser humano, já recuperado de sua deformação: ser humano restaurado e, portanto, liberto. Se antes do pecado o ser humano tinha uma vontade livre enquanto livre-arbítrio, agora tem uma vontade livre enquanto liberta da miséria na qual ele mesmo se lançou pelo livre-arbítrio.

É temerário, portanto, empregar a palavra "liberdade" ou a expressão "vontade livre" fora dos seus devidos contextos na obra de Agostinho. O vocabulário do autor é extremamente dinâmico e pode produzir algum engano no leitor. Mas uma leitura da problemática do livre-arbítrio esclarece os diferentes sentidos de tais termos ou expressões, principalmente se tal leitura for acompanhada da de outras obras em que semelhante tema é abordado.

Quanto ao mal, a defesa do livre-arbítrio como um bem esclarece que o mal não tem nenhum valor ontológico, ou seja, não há um mal existente por si só, que teria tanto grau de ser quanto o bem. O mal, segundo Agostinho, é pura ausência ou carência de bem. Por isso ele fez questão de provar que o livre-arbítrio da vontade, mesmo tendo levado o homem a pecar, não deixa de ser um bem. É interessante notar que, mais no final de *O livre-arbítrio*, até mesmo a descrição do inferno está relacionada com essa concepção do mal. Agostinho faz referência ao demônio descrevendo o "lugar" onde ele se encontra como uma completa escuridão e congelamento, o chamado Aquilão, onde, devido à falta do calor do amor (o bem), tudo se transformou em escuridão e congelamento. Agostinho nunca se preocupou em pintar a imagem do inferno, mas, se acaso pensasse em fazê-lo, certamente o inferno seria frio e escuro. A escuridão não é ser, é carência de luz, bem como o frio não é ser, mas carência de calor. Assim, o mal também não tem valor ontológico (de ser), mas é apenas ausência de bem.

3. A questão do mal na atualidade

A concepção agostiniana de que o mal é ausência de bem permaneceu na posteridade e teve seus desdobramentos.

No século XX, Hannah Arendt abordou o tema do mal no seu livro *Eichmann em Jerusalém: um relato sobre a banalidade do mal*. Porém, ela explica que seu livro não é um tratado sobre o mal, embora tenha se referido a ele no subtítulo. Esse livro surgiu de um relato sobre o julgamento de Adolf Eichmann, em 1961. Eichmann foi um político alemão que tinha sido colaborador do nazismo e um dos responsáveis pelo holocausto, mas que apenas se encarregava da identificação e do transporte de pessoas para os diversos campos de concentração para que fossem executadas. Arendt foi enviada a Jerusalém pela revista *The New Yorker* para relatar o julgamento, que se encerrou com a condenação do réu à pena de enforcamento.

Ao fazer o relato do julgamento em Jerusalém, Arendt tinha como problema o grande clamor popular pela punição mais severa possível para o réu, motivado pela grande indignação causada pelo horror do holocausto. A autora, além de judia, era uma pensadora consciente da conjuntura do século XX, e, independentemente de sua origem judaica, também se sensibilizava pelas vítimas de Hitler e do nazismo. Por outro lado, seu relato deveria ser conduzido pela razão, muito mais que pelas emoções. Isso não quer dizer que devesse ser neutro, pois ninguém, em sã consciência, se sente neutro diante de um réu acusado de um crime cujas evidências apontam para a culpabilidade. Era de esperar que ela não o retratasse como inocente, e sim como culpado. Mas culpado de quê? Da morte de seis milhões de judeus, como se ele tivesse executado cada um deles? Se a opinião pública, e em especial a comunidade judaica, estava banhada da carga emotiva da indignação contra Adolf Eichmann, a autora do relato deveria impedir que a indignação, que naturalmente sentia, obscurecesse seu relato a ponto de atribuir ao réu crimes que teriam sido cometidos por outras pessoas também envolvidas no movimento nazista.

Quando publicou seu relato, Hannah Arendt entrou em choque com a comunidade judaica, que queria para o réu um castigo que fosse tão forte quanto foi o horror do holocausto. Mas isso era impossível, pois o réu era um só indivíduo. Arendt percebeu que havia uma grande diferença entre o castigo, que cabia a um único réu, culpado pelos seus próprios crimes, e um julgamento que pretendia condenar um sistema todo do qual Adolf Eichmann era só um elemento. Arendt fixou sua atenção nos crimes cometidos por Eichmann e não no holocausto como um todo, o que desagradou grande parte da comunidade judaica.

Seguindo o pressuposto de que não existe o mal ontológico, a autora recusa-se a ver nesse homem, Eichmann, uma espécie de encarnação do mal, embora admita que ele tenha cometido ações más. Desse modo, ela descreve um Eichmann totalmente fora dos rótulos de "monstro" ou "demônio", que costumamos usar. Antes, ela retrata um homem banal, que só ficou no centro de um debate jurídico porque havia motivações para que os israelenses utilizassem esse processo como um veículo de propaganda contra o horror do holocausto. Para Hannah Arendt, o réu não era a personificação do mal, e sim um homem, como outro qualquer, que agiu mal. Os próprios psiquiatras descreveram-no como um homem de um comportamento normal com familiares, amigos etc. Durante o julgamento, mostrou sentimentos e apego à educação que recebeu quando, por exemplo, sentiu vergonha e constrangimento pela simples lembrança de alguns pequenos erros cometidos no passado.

Em poucas palavras, a autora insiste em negar a malignidade ao admitir que o criminoso em questão não era movido por uma tendência natural má e assassina. Assassinos, segundo ela, não matam pelo simples gosto de matar, mas são levados a ações más por alguma ocasião dentro das circunstâncias em que se encontram. Como não é nem um pouco fácil compreender o porquê de alguém agir mal, a sociedade opta pelo mais fácil: apelar para rótulos e demonizar alguém que cometeu ações terrivelmente más. Para ela, Eichmann era uma espécie de palhaço, desprovido do discernimento das regras que a razão impõe para bem agir. Ela própria chegou a dar gargalhadas ao ler pilhas e pilhas do registro do interrogatório, reconhecendo que não havia nele nenhum caráter satânico, e sim uma banalidade horrorosa e repugnante.

Da observação do comportamento banal de Eichmann decorre a noção de banalidade do mal. Mas o que significaria, para ela, a expressão "banalidade"? Certamente não seria para desculpar o réu, pois ela estava consciente das atrocidades por ele cometidas. Por "banalidade" Arendt pretende designar a falta de profundidade (superficialidade) evidente no culpado, já que o mal terrível que havia cometido não poderia ser atribuído a alguma motivação exatamente maligna presente no réu. A banalidade, aqui, consiste em ser algo comum, resultado de atos maus cometidos com muita intensidade e cuja origem não se encontra em alguma espécie de maldade interior, ou seja, inerente ao homem que agiu mal. Em suma, a expressão "banalidade" implica uma falta de profundidade e ausência do enraizamento de alguma maldade. O que Eichmann tinha de maldade estava nas suas ações e não na sua essência.

Por isso, a autora recusa a existência do chamado mal radical, pois, se este existisse, naturalmente deveria ser identificada a raiz de onde ele provém. Como não se vê profundidade no mal, não se reconhece uma raiz maligna. Mas Hannah não pretendia, nem como filósofa nem como mulher judia, encarar como menos graves os fatos que levaram ao maior sofrimento do século XX. O banal, aqui, não significa uma coisa qualquer que se produz frequentemente, mas simplesmente a falta de profundidade, de modo que não se vê, no homem que age mal, a raiz do mal. Mais uma vez recusa-se o mal ontológico, já que não se apreende a essência do mal. Entretanto, muito se tem de tratar acerca do mal fora da esfera ontológica. A questão do mal permanece na Ética e na Política, por exemplo.

Paul Ricoeur (1913-2005), no seu livro *O conflito das interpretações*, também abordou a questão do mal e afirmou que o mal está nas ações humanas no interior de uma construção cultural. Ele também recusa o mal ontológico e trabalha essa questão no campo cultural e antropológico. Sua pesquisa foi dedicada à discussão de problemas filosóficos, teológicos, além de antropológicos, científicos e psicológicos. É autor de uma obra extensa, na qual tratou dos mais diversos problemas, entre eles o do mal. Na obra de Paul Ricoeur, reconhecemos a relevância da questão do mal como algo que já existe; o mal é um fato. Não se trata de discutir se existe ou não o mal, e sim de tentar defini-lo, uma vez que ele está presente na sociedade e na dinâmica da História. A própria história pessoal do autor o leva a essa questão, pois desde a infância ele sofreu na própria pele efeitos maléficos: perdeu o pai na guerra, ainda nos primeiros meses de vida; perdeu a mãe também na infância; depois, morreu sua irmã, com pouco mais de 20 anos de idade. Na juventude, perdeu a tia e os avós, que haviam desempenhado o papel dos pais já falecidos. Como se não bastasse isso, teve de servir na Segunda Guerra, em 1939, quando foi preso e libertado apenas no final. Para coroar esse conjunto de sofrimentos, seu próprio filho se suicidou.

Na educação religiosa de Paul Ricoeur, o pensamento sobre o mal estava presente como um tema recorrente, pois Ricoeur nascera e fora formado no cristianismo calvinista. Nesse contexto, afirmava-se que os pecados próprios dos nossos antepassados tinham consequências nas gerações seguintes, por meio do sofrimento de males, desgraças etc. E não se trata de pecados apenas dos nossos antepassados de sangue, mas também daqueles que o cristianismo apresenta como antepassados de toda a humanidade, Adão e Eva, autores do chamado pecado original, o primeiro mal cometido pelos seres humanos, cujas consequências sofreríamos até hoje.

Empregando a linguagem da teologia, Paul Ricoeur chama o mal de pecado: ele seria algo qualificado como maléfico por violar o código de ética predominante numa certa comunidade. Fora do contexto religioso, o mal é chamado de mal moral, distinto do mal físico como, por exemplo, uma dor, um acidente etc. O mal moral gera culpabilidade e requer uma pena no interior da sociedade. O autor aponta para o mal exercido por um homem sobre outro. Fazer o mal, geralmente, é prejudicar a outrem, e isso faz com que aquele que sofre possa reivindicar justiça. Esse mal, não sendo ontológico, decorre da liberdade que o homem tem para agir. Trata-se de um mal histórico, não necessário, e poderia ser evitado.

O mal feito por um sujeito resulta num mal lamentado pelo outro. Dessa atitude resulta o que chamamos de maldade e sofrimento, mas que são termos confusos, pois tanto a um como ao outro chamamos igualmente de mal. Para evitar a confusão, Paul Ricoeur propõe a distinção entre o mal cometido e o mal sofrido. O que nos interessa sobre esse tema é o mal cometido, pois é exatamente esse que está nas ações humanas e é objeto de repreensão pela sociedade. O mal cometido é, propriamente falando, o mal moral, chamado de pecado na linguagem religiosa, e é susceptível de juízo ou julgamento, de repreensão, censura e penalidade no interior de determinada sociedade. É esse mal que caracteriza a violação de regras de conduta de uma sociedade, enquanto o mal sofrido é apenas o lado oposto do mal cometido, é aquilo que sente quem é vítima do mal cometido. Esse mal sofrido não tem um sujeito agente que possa ser responsabilizado e penalizado; o sujeito é sempre o autor do mal cometido.

Paul Ricoeur não reconhece no homem uma essência má, e sim uma fragilidade que possibilita ao homem agir mal. Ele está de acordo com Agostinho ao considerar que o mal não tem natureza. Mas vai um pouco além, pois não admite que o mal resida na vontade humana como algo criado. Para ele, o mal surge acidentalmente, no decorrer da História. Ele não se relaciona com a vontade, embora se manifeste no agir humano. Não é uma ação no sentido natural, mas no sentido moral, pelo qual o agir humano é qualificado de mau. Nesse caso, o ser humano, em particular, não é a origem do mal, embora seja ele quem o pratique. O mal se manifesta nos atos, e por isso é obra da liberdade. Porém, Ricoeur não insistia na liberdade como livre-arbítrio da vontade humana (ao modo de Agostinho), mas falava simplesmente de liberdade. Ele não acreditava que pudéssemos apropriar-nos discursivamente da realidade, numa visão racional e integral. Assim, não procedia a uma análise do mal como radicado na vontade, mas preferia tomar o mal como símbolo de algo que ultrapassa toda pesquisa filosófica.

Por essa razão, Paul Ricoeur chega à visão do mal como escândalo. Não se sabe, a rigor, a origem do mal, já que ele não tem consistência ontológica. Por isso, ele se mostra como escândalo para o pensamento. O autor apela para a figura de Jó, personagem bíblico conhecido como o justo sofredor. Citando o exemplo de Jó como aquele que sofre um mal sem merecê-lo, Paul Ricoeur rejeita que o mal sofrido seja a retribuição pelo mal exercido. A prova disso é que qualquer ser humano pode sofrer um mal sem merecê-lo. O próprio Cristo na cruz seria um símbolo da "impotência" do amor de Deus. Eis aí o escândalo: o mal aparece sem que o sofredor o mereça. Sua origem é obscura. Pelo menos não se afirma que está na maldade interior do homem, em seu egoísmo, ganância etc. Simplesmente não se sabe por que o homem pode ser egoísta, ganancioso, ambicioso, prepotente etc. Para isso não há resposta. Mas há um fato: o mal está nas ações humanas, e isso nos escandaliza.

4. Conclusão
O mal existe. Em que sentido?

A existência do mal não é algo que se deva pôr em questão. Se perguntarmos se ele existe, imediatamente a resposta será afirmativa. Mas o que nos cabe perguntar é *como* ele existe, e em *que* consiste o mal, ainda que nem todas as perguntas tenham a devida resposta.

Quanto à primeira questão, notamos que o mal existe como algo que decorre das ações humanas. Por isso, a questão do mal é algo que se deve debater no campo da Ética, assim como no campo da Filosofia Política, da Religião, e até mesmo do Direito. Quando dizemos que o mal provém das ações humanas, negamos automaticamente que ele tenha consistência ontológica, ou seja, negamos que exista um Mal em si mesmo, independente dos humanos, que são os sujeitos das ações. Além disso, negamos também que o mal esteja na Natureza externa ao ser humano. O que, por exemplo, um animal irracional pode fazer que nos cause sofrimento não deve ser entendido como um mal, a não ser num sentido figurado, impropriamente falando. Os irracionais não são dotados de liberdade para decidir sobre suas ações; não são sujeitos de ações dentro da Ética ou de uma legislação. Caso fossem, seriam punidos por lei pelos atos agressivos que viessem a cometer. Ao contrário disso, os irracionais são irresponsáveis, no sentido exato da palavra, pois não respondem por suas ações. Eles simplesmente agem de acordo com os instintos, segundo a natureza de cada um. Portanto, culpar os seres irracionais seria o mesmo que culpar a Natureza e, nesse caso, estaríamos atribuindo a ela o que só cabe ao ser humano.

Quanto à outra questão, sobre a essência do mal, muito foi dito ao longo de vinte e cinco séculos. Mas até hoje as respostas não foram definitivas, pelo menos quando tentamos encontrar uma essência no mal. Nesse caso, deparamos com a obscuridade. O mal, sendo o contrário do bem, será sempre carência e ausência de bem. Entretanto, o mal está na sociedade, nas casas, no ambiente de trabalho etc. Por isso, se não conseguimos encontrar uma essência para o mal, ao menos sabemos que ele existe e se encontra nas atitudes humanas, atitudes estas que são dignas de reprovação no interior da sociedade em que nos encontramos.

O mal cometido por alguém resulta no chamado mal sofrido. A sensação do mal sofrido, principalmente quando ocorre coletivamente, como nas grandes maldades realizadas na História, produz no homem um sofrimento acompanhado de indignação, ódio e desejo de justiça. Essa sensação é real, mas ela contribui para que aquele que a sofre construa uma imagem do mal como algo dotado de força interna e que está em constante rivalidade com o bem. Isso já não é real. Mas, infelizmente, a imaginação desse mal na mente das pessoas é um fato. E é contra esse mal imaginário que devemos lutar, procurando eliminá-lo da nossa imaginação, para, quem sabe, no futuro, eliminá-lo da História.

OUVINDO OS TEXTOS

Texto 1. Platão (428-348 a.C.), *Para conhecer o bem, a alma deve percorrer um caminho ascensional*

Meu caro Gláucon, este quadro – prossegui eu [Sócrates] – deve agora aplicar-se a tudo quanto dissemos anteriormente, comparando o mundo visível através dos olhos à caverna da prisão, e a luz da fogueira que lá existia à força do sol. Quanto à subida ao mundo superior e à visão do que lá se encontra, se a tomares como ascensão da alma ao mundo inteligível, não iludirás a minha expectativa, já que é teu desejo conhecê-la. O Deus sabe se ela é verdadeira. Pois, segundo entendo, no limite do cognoscível é que se avista, a custo, a ideia do Bem.

> PLATÃO. *A República*. Trad. port. Maria Helena da Rocha Pereira. Lisboa: Calouste Gulbenkian, 1987, p. 321.

Texto 2. Agostinho de Hipona (354-430), *O mal como pura ausência de bem*

Talvez, tu me perguntas: Já que a vontade move-se, afastando-se do Bem imutável para procurar um bem mutável, de onde lhe vem esse impulso? Por certo, tal movimento é mau, ainda que a vontade livre, sem a qual não se pode viver bem, deva ser contada entre os bens. E esse movimento, isto é, o ato da vontade de afastar-se de Deus, seu Senhor, constitui, sem dúvida, pecado. Poderemos, porém, designar a Deus como o autor do pecado? Não! E assim, esse movimento não vem de Deus. Mas de onde vem ele? A tal questão eu te contristaria, talvez, se te respondesse que não o sei. Contudo, não diria senão a verdade. Pois não se pode conhecer o que é simplesmente nada. Quanto a ti, contenta-te, por enquanto, de conservar inabalável esse sentimento irremovível de piedade, de modo a professar não ser possível apresentar-se a teus sentidos, nem à tua inteligência, nem em geral a teu pensamento, bem algum que não venha de Deus. Com efeito, não pode existir realidade alguma que não venha de Deus. De fato, em todas as coisas nas quais notares que há medida, número e ordem, não hesites em atribuí-las a

Deus, como seu autor. Aliás, a um ser ao qual tiveres retirado completamente esses três elementos, nele nada restará, absolutamente. Porque, mesmo se nele permanecesse um começo de qualquer perfeição, desde que aí não encontres mais a medida, nem o número, nem a ordem – visto que em toda parte onde se encontrarem esses três elementos existe a perfeição plenamente realizada – tu deverias retirar mesmo um início de perfeição que parecesse até ser apenas certa matéria oferecida ao artífice para que trabalhe com ela e a aperfeiçoe. Porque – se a perfeição em sua realização completa é um bem – o começo dessa perfeição já é certo bem. Assim, se acontecesse a supressão total do bem, o que restaria não é um quase nada, mas sim um absoluto nada. Ora, todo bem procede de Deus. Não há, de fato, realidade alguma que não proceda de Deus. Considera, agora, de onde pode proceder aquele movimento de aversão que nós reconhecemos constituir o pecado – sendo ele movimento defeituoso, e todo defeito vindo do não-ser, não duvides de afirmar, sem hesitação, que ele não procede de Deus. Tal defeito, porém, sendo voluntário, está posto sob nosso poder. Porque, se de fato o temeres, é preciso não o querer; e se não o quiseres, ele não existirá. Haverá, pois, segurança maior do que te encontrares em uma vida onde nada pode te acontecer quando não o queiras? Mas é verdade que o homem que cai por si mesmo não pode igualmente se reerguer por si mesmo, tão espontaneamente.

AGOSTINHO DE HIPONA. *O livre-arbítrio*. Trad., org., intr. e notas Nair de Assis Oliveira. São Paulo: Paulus, 1995, pp. 142-3.

Texto 3. Hannah Arendt (1906-1975), *A banalidade do mal*

Posso também imaginar muito bem que uma controvérsia autêntica poderia ter surgido do subtítulo do livro; pois quando falo da banalidade do mal, falo num nível estritamente factual, apontando um fenômeno que nos encarou no julgamento. Eichmann não era nenhum Iago, nenhum Macbeth, e nada estaria mais distante de sua mente do que a determinação de Ricardo de "se provar um vilão". A não ser por sua extraordinária aplicação em obter progressos pessoais, ele não tinha nenhuma motivação. E essa aplicação em si não era de forma alguma criminosa; ele certamente nunca teria matado seu superior para ficar com seu posto. Para falarmos em termos coloquiais, ele simplesmente nunca percebeu o que estava fazendo. Foi precisamente essa falta de imaginação que lhe permitiu sentar meses a fio na frente do judeu alemão que conduzia o interrogatório da polícia, abrindo seu coração para aquele homem e explicando insistentemente como ele conseguira chegar só à patente de tenente-coronel da SS [*Schutzstaffel* – "Tropa de Proteção"] e que não fora falha sua não ter sido promovido. Em princípio ele sabia muito bem do que se tratava, e em sua declaração final à corte, falou da "reavaliação de valores prescrita pelo governo [nazista]". Ele não era burro. Foi pura irreflexão – algo de maneira nenhuma idêntico à burrice – que o predispôs a se tornar um dos grandes criminosos desta época. E se isso é "banal" e até engraçado, se nem com a maior boa vontade do mundo se pode extrair qualquer profundidade diabólica ou demoníaca de Eichmann, isso está longe de se chamar lugar-comum.

ARENDT, H. *Eichmann em Jerusalém: um relato sobre a banalidade do mal.* Disponível em: Grupo Hannah Arendt Brasil, http://hannaharendt.org.br/2009/10/22/epilogo-eichmann-em-jerusalem-um-relato-sobre-a-banalidade-do-mal-arendt/.

Texto 4. Paul Ricoeur (1913-2005), *Ação ética e política contra o mal*

Mas a razão de ser deste mal radical é "insondável" (*unerforschbar*): "não existe para nós razão compreensível para saber de onde o mal moral pode primeiramente nos vir". Como Karl Jaspers, admiro esta última declaração: como Agostinho, e talvez como o pensamento mítico, compreende-se o fundo demoníaco da liberdade humana, mas com a sobriedade de um pensamento sempre atento à não transgressão dos limites do *conhecimento* e à preservação do distanciamento entre *pensar* e *conhecer através do objeto*. [...] Pela ação, o mal é antes de tudo o que não deveria ser, mas deve ser combatido. Neste sentido, a ação inverte a orientação do olhar. Sob a brisa do mito, o pensamento especulativo volta atrás em direção à sua origem: "*de onde* vem o mal?", pergunta. A resposta – não a solução – da ação é: "Que fazer *contra* o mal?" O olhar é assim voltado ao futuro, através da ideia de uma *tarefa* a se realizar, que é a réplica daquela de uma origem a descobrir. Que não se acredite que, acentuando a *luta prática contra* o mal, se perde de vista uma vez mais o sofrimento. Muito pelo contrário. Todo o mal cometido por um ser humano, já vimos, é um mal sofrido por outro. Fazer mal é fazer sofrer alguém. A violência não para de refazer a unidade entre mal moral e sofrimento. Desde então, toda a ação, ética ou política, que diminui a quantidade de violência exercida pelos homens uns contra os outros, diminui a taxa de sofrimento no mundo. Que se retire o sofrimento infligido aos homens pelos homens e ver-se-á o que ficará de sofrimento no mundo; para dizer a verdade, não o sabemos, de tal modo a violência impregna o sofrimento. Esta resposta prática não permanece sem efeito no plano especulativo: antes de acusar Deus ou de especular sobre a origem demoníaca do mal no próprio Deus, atuemos ética e politicamente contra o mal.

RICOEUR, P. *O mal: um desafio à Filosofia e à Teologia.* Trad. Maria da Piedade Eça de Almeida. Campinas: Papirus, 1988, pp. 38, 48-9.

EXERCITANDO A REFLEXÃO

1. Alguns exercícios para você compreender melhor o tema:

- **1.1.** A partir do que foi exposto, compare as diferentes concepções sobre as relações entre bem e mal, apontando possíveis discordâncias ou concordâncias suas.
- **1.2.** Justifique por que autores de um passado distante, como Platão e Agostinho de Hipona, podem elucidar um tema tão atual como este em questão.
- **1.3.** Identifique as ideias centrais de cada um dos autores trabalhados neste livro.

2. Contextualizando os autores:

Pesquise e identifique o contexto histórico, cultural, religioso ou político de cada um dos autores estudados aqui e correlacione esse contexto com as concepções sobre o bem e o mal desses autores.

3. Interpretação de textos:

Com base na reflexão feita neste livro, explique o que os filósofos pretenderam dizer quando afirmaram o seguinte:

3.1. "[...] segundo entendo, no limite do cognoscível é que se avista, a custo, a ideia do Bem" (Platão).

3.2. "Ora, todo bem procede de Deus. Não há, de fato, realidade alguma que não proceda de Deus. Considera, agora, de onde pode proceder aquele movimento de aversão que nós reconhecemos constituir o pecado – sendo ele movimento defeituoso, e todo defeito vindo do não-ser, não duvides de afirmar, sem hesitação, que ele não procede de Deus" (Agostinho de Hipona).

3.3. "Ele não era burro. Foi pura irreflexão – algo de maneira nenhuma idêntico à burrice – que o predispôs a se tornar um dos grandes criminosos desta época. E se isso é 'banal' e até engraçado, se nem com a maior boa vontade do mundo se pode extrair qualquer profundidade diabólica ou demoníaca de Eichmann, isso está longe de se chamar lugar-comum" (Hannah Arendt).

3.4. "Sob o império do mito, o pensamento especulativo é impulsionado para trás, até a origem, perguntando-se: de onde se origina o mal? A resposta da ação – não a solução – é esta: que se pode fazer contra o mal? Nossa atenção se põe agora no futuro, como a ideia de uma *tarefa* a cumprir, que se relaciona com aquela outra ideia de uma origem para descobrir" (Paul Ricoeur).

DICAS DE VIAGEM

Para você continuar sua viagem pelo tema do bem e do mal, sugerimos:

1. Assista aos seguintes filmes, tendo em mente a reflexão que fizemos neste livro:
- **1.1.** *A mulher do lado* (*La femme d'à côté*), direção de François Truffaut, França, 1981.
- **1.2.** *Assassinos por natureza* (*Natural Born Killers*), direção de Oliver Stone, EUA, 1994.
- **1.3.** *Laranja mecânica* (*A Clockwork Orange*), direção de Stanley Kubrick, EUA, 1971.
- **1.4.** *Os incompreendidos* (*Les quatre cents coups*), direção de François Truffaut, França, 1959.
- **1.5.** *V de Vingança* (*V for Vendetta*), direção de James McTeigue, Alemanha/EUA, 2006.

2. Leia a novela *A hora e a vez de Augusto Matraga*, de Guimarães Rosa, publicada no livro *Sagarana*, e interprete a transformação vivida por Augusto Matraga com base nas reflexões que fizemos neste livro sobre o bem e o mal. Há também uma versão em filme, que você pode comparar com a novela escrita (*A hora e a vez de Augusto Matraga*, direção de Roberto Santos, 1965).

3. Sugerimos a leitura da obra *Os irmãos Karamazov*, de Dostoiévski. Sugerimos também que você fique muito atento à afirmação de que, se Deus não existe e se a alma é mortal, tudo é permitido. Reflita sobre a seguinte questão: Dostoiévski traça uma imagem negativa da relação entre Deus e a moralidade, especificamente a existência do mal? Para ajudar em sua reflexão, registramos aqui duas citações ligadas ao tema. A primeira é a do pensador russo Nikolai Berdiaeff, falando da obra de Dostoiévski: "Deus existe justamente porque o mal e o sofrimento existem no mundo, a existência do mal é a prova da existência de Deus. Se o mundo consistisse unicamente no bom e no bem, então Deus seria inútil, o próprio mundo seria Deus. Deus é porque o mal é. O que significa que Deus é porque a liberdade é" (BERDIAEFF, N. *O espírito de Dostoiévski*. Trad. Otto Schneider. Rio de Janeiro: Panamericana, 1940, p. 102). A segunda é a do escritor francês Albert Camus, um grande admirador de Dostoiévski, mas que não consegue crer na existência de Deus, por ver o sofrimento no mundo. Dizia ele: "Eu vou recusar até a morte essa criação em que as crianças são torturadas" (CAMUS, A. *A peste*. Trad. Valery Rumjanek. São Paulo: Abril Cultural, 1984, p. 158).

4. Leia a letra da canção *O bem e o mal*, de Danilo Caymmi, e, em seguida, responda à questão que formulamos abaixo:

O BEM E O MAL

Eu guardo em mim
Dois corações
Um que é do mar
E um das canções
Um beijo doce
um cheiro de vendaval
eu guardo em mim

Um deus, um louco, um santo
Um bem e um mal
O encanto doce
um cheiro de vendaval
eu guardo em mim
um deus, um louco, um santo
um bem e um mal
Eu guardo em mim
Dois corações
Um que é do mar
E um das canções
Um beijo doce
um cheiro de vendaval
eu guardo em mim
Um deus, um louco, um santo
Um bem e um mal
eu guardo em mim
Um deus, um louco, um santo
Um bem e um mal

O bem e o mal, Danilo Caymmi–Dudu Falcão
© 1990 – Som Livre Edições Musicais.

Vemos, nessa canção, como o poeta explora a imagem de dois corações (um, que é do mar; outro, das canções). Isso representaria uma espécie de divisão em seu interior; indicaria que seu ser, embora sendo uno, compõe-se de duas forças distintas, ambas boas e convergentes para a totalidade da existência do poeta como pessoa. É o mesmo motivo que o leva a mostrar como ele guarda em si o "beijo doce" com o "cheiro do vendaval". Tendo em mente a dualidade cantada nessa canção e a reflexão que fizemos neste livro sobre o bem e o mal, interprete os versos de Danilo Caymmi nos quais ele diz: "Um deus, um louco, um santo/ Um bem e um mal/ eu guardo em mim/ Um deus, um louco, um santo/ Um bem e um mal."

LEITURAS RECOMENDADAS

Sugerimos as seguintes leituras para o enriquecimento de sua reflexão sobre a questão do bem e do mal:

AGOSTINHO DE HIPONA. *A natureza do bem*. Trad. Carlos Ancêde Nougué. Rio de Janeiro: Sétimo Selo, 2006.
Nessa obra de grande significação para o pensamento ocidental, Agostinho de Hipona responde ao pensamento maniqueu, que concebia o mundo como o resultado de uma luta eterna entre o bem e o mal. Agostinho demonstra que só existe o bem e que, portanto, todas as coisas são boas em si mesmas. É essa bondade ontológica das coisas que fundamentará também a concepção ética segundo a qual todos buscamos naturalmente o bem, levando a conceber o mal moral como uma desordem em nossa condição.

AGOSTINHO DE HIPONA. *O livre-arbítrio*. Trad., org., intr. e notas Nair de Assis Oliveira. São Paulo: Paulus, 1995.
O autor combate as ideias do maniqueísmo e sustenta que o mal não tem consistência ontológica: é apenas

ausência de bem. Ao mesmo tempo, combate as acusações de que Deus teria posto o mal na humanidade ao criar o homem.

ARENDT, H. *Eichmann em Jerusalém: um relato sobre a banalidade do mal.* Trad. José Rubens Siqueira. São Paulo: Companhia das Letras, 2000.

A autora apresenta nesse livro o conceito de banalidade do mal a partir do relato do julgamento de Adolf Eichmann.

BUBER, M. *Imagens do bem e do mal.* Trad. Edgar Orth. Petrópolis: Vozes, 1992.

O filósofo judeu reflete sobre a doutrina – originada no Talmude – dos dois instintos: o instinto mau, vivido como paixão, e o instinto bom, orientado para Deus. Buber defende que eles não devem ser concebidos como opostos, mas como componentes do todo que é o ser humano.

CESCON, E. & NODARI, P. C. (orgs.). *O mistério do mal.* Caxias do Sul: Educs, 2008.

Coletânea de trabalhos apresentados em um congresso interdisciplinar realizado na Universidade Caxias do Sul, com o objetivo de refletir por que existe o mal e compreender melhor diferentes aspectos da existência humana. Os textos foram escritos por profissionais de Filosofia, Teologia, Psicologia, Antropologia e Sociologia.

DERRIDA, J. *O soberano bem*. Trad. port. Fernanda Bernardo. Viseu: Palimage, 2004.

O filósofo argelino, radicado na França, explora o patrimônio filosófico ocidental, constituído em torno da ideia de um bem supremo, para refletir sobre a ação humana e o desejo de soberania, concluindo por uma associação intrínseca entre formas de bondade e maldade.

GESCHÉ, A. *O mal*. Trad. Euclides Martins Balancin. São Paulo: Paulinas, 2003 (Coleção Deus para Pensar).

O pensador francês aborda o tema do mal a partir da perspectiva do pensamento filosófico-teológico cristão.

NEIMAN, S. *O mal no pensamento moderno – uma história alternativa da Filosofia*. Trad. Fernanda Abreu. Rio de Janeiro: Difel, 2003.

A pensadora estadunidense retraça a história do pensamento moderno, avaliando-o sob a perspectiva do desafio que o mal representa à compreensão racional. Ela persegue a seguinte questão: em que nos transformamos no decorrer dos três séculos que nos separam do Iluminismo?

PLATÃO. *A República*. Trad. Anna Lia Amaral de Almeida Prado. São Paulo: Martins Fontes, 2006.

O autor, nos livros VI e VII, apresenta sua concepção de bem como uma forma da qual a multiplicidade das coi-

sas participa, entre elas a alma humana, que pode aderir a esse modelo ou permanecer apegada às coisas passageiras e até mesmo nocivas.

RICOEUR, P. *O mal: um desafio à Filosofia e à Teologia.* Trad. Maria da Piedade Eça de Almeida. Campinas: Papirus, 1988.

O autor investiga a questão do mal nas ações humanas. Faz referência a autores anteriores (Agostinho e Kant), sustenta sua teoria do mal como escândalo e discorda da ideia de mal radical.

ROSENFIELD, D. L. *Retratos do mal.* Rio de Janeiro: Zahar, 2003.

O ponto de partida de reflexão neste livro é o atentado ao World Trade Center em 2001, apontando para os horrores vividos no século XX e mostrando como esses eventos convocam a Filosofia a repensar a Ética, a Política e o significado da existência humana.

SANFORD, J. *Mal – o lado sombrio da realidade.* Trad. Sílvio José Pilon. São Paulo: Paulus, 1998.

O autor investiga o tema do mal sob a ótica do tratamento que lhe deram diferentes áreas do saber: a Psicologia, a sabedoria bíblica, diferentes mitologias, a Literatura, a Filosofia e a Teologia.